EL SILBIDO ENTRE LOS RIELES

EL SILBIDO ENTRE LOS RIELES

JULIA ESCOBAR VILLEGAS

Valparaíso
EDICIONES

Número 516 de la Colección VALPARAÍSO DE POESÍA
dirigida por FEDERICO DÍAZ-GRANADOS

Diseño de colección y portada: Chari Nogales
Maquetación: Carlos Henson
Imagen de portada e ilustraciones: Santiago Gómez Cardona

Primera edición: agosto de 2025

© De los poemas: Julia Escobar Villegas

© Valparaíso Ediciones

C/ Fray Leopoldo, 7 bajo, 18014 Granada
www.valparaisoediciones.es

ISBN: 979-13-87538-76-7
Depósito Legal: GR 1131-2025

Impreso en España - *Printed in Spain*
Gráficas Gami

El papel utilizado para la impresión de este libro está calificado como papel ecológico y procede de bosques gestionados de manera sostenible

EL SILBIDO ENTRE LOS RIELES

Totally fast
Rides the rails
Awesome
Into the tunnel
Next town coming up

VISTO EN *CHICAGO PUBLIC LIBRARY*
CHILDREN'S LIBRARY
WRITER'S STUDIO
EL 23 DE JULIO DE 2016

SAVE ME, SAN FRANCISCO WINE CO.

San Francisco en la madrugada
saliendo de la estación de tren
y yendo hacia el puerto

Por fin ahí, para ver los barcos
ahí, y en ese momento
cuando los grandes puentes
surgen entre la niebla

Veníamos de tan lejos
y tanto que queríamos quedarnos
ahí, en San Francisco, juntos

Niebla en el mar
en el café
en la boca
y entre los dedos

Cuando los anuncios se iluminaron
despertaba una ciudad
que no era para ti
ni para mí
ni para nosotros

SAUDADE FROM A NON-PLACE

Una vez tuve un hogar
y no estaba sola
estabas tú

A veces te veo en mis sueños
a veces eres dulce
otras veces cruel
así como eras tú

A veces me despierto
y creo que estoy en nuestra casa
pero esa casa
está en ruinas

A veces me permito
visitarla en mi memoria

Yo cocinaba de noche
y sentía la llave en la puerta
tú llegabas
metías las manos en mi delantal
y yo era feliz

Yo estudiaba de noche
y en el cuarto del lado
sonaban tu piano y tu voz

A veces dejaba los libros
y me ponía a escucharte

A veces
escribíamos canciones juntos

Yo me despertaba en la noche
y teníamos las piernas enlazadas
te acariciaba el pelo y la cara
y me volvía a dormir

A veces íbamos al parque
tomados de la mano
y pasábamos la tarde
bebiendo vino

A veces hablábamos de nuestro futuro
y ensombrecíamos

Ahora
me acuesto con cuatro almohadas
y a veces
me permito aceptar
que te extraño, a veces

Ahora
guardo tus canciones
en secreto hasta de mí misma
y a veces
me permito escucharlas

Me acarician
y me lastiman
así como hacías tú

Ahora
en el aeropuerto
vi a un chico hermoso
parecido a ti

Lo observé tanto como pude

Los ojos almendrados
las ondas en el pelo
las botas brillantes
las piernas largas
el pecho liso

Sus labios perfectos
me dieron sed

Se perdió entre la multitud
con su instrumento al hombro
a tomar un avión
que no era el mío

TRAIN INTO THE FALL

Cambiaba de casa
ya no tenía balcón ni ventana

Perdía atardeceres
y parques con perros

Tenía un cuarto
donde la luz entraba como podía

Tenía un patio
donde me sentaba a fumar

Un pájaro vecino
me cantaba desde su jaula
canciones viejas

Un curazao violeta
contra el muro
me recordaba el amor

Cuando murieron ave y planta
el patio se llenó
de hojas muertas y viento frío

del otoño que desconocía

LOST & FOUND

Quería estar sola
en la barra de un bar desierto

Un poco encorvada y abrigada
sobre páginas blancas

Quería caminar sola
y tomar el aire

Ya no fumaba más
no como antes

Quería volver sola
y escribir

Una cerveza
hojas de papel
y una pluma del Golden Gate

Quería salir sola
y tomarme de la mano

Un sábado cualquiera
tras una semana sobrevivida

Quería sentarme sola
en una barra desierta

y recuperar mi propia caligrafía

VÉRTIGO

I know that I shall meet my fate
Somewhere among the clouds above
"An Irish Airman foresees his Death"
WILLIAM BUTLER YEATS

Ojalá tuviera más tiempo.
Como no tengo más tiempo,
ojalá estuviera bien acompañada.
Como no estoy bien acompañada,
ojalá tuviera una pequeña botella para beber.
Como no tengo una pequeña botella para beber,
ojalá pudiera escribir esos nombres por última vez.
Como no puedo escribir esos nombres por última vez,
ojalá pudiera cerrar los ojos y ver sus rostros y sentir sus manos.
Como no puedo cerrar los ojos y ver sus rostros y sentir sus manos,
ojalá pudiera ver el sol sobre nubes blancas y pensar que es
hermoso morir allí.
Como no puedo ver el sol sobre nubes blancas y pensar que es
hermoso morir allí,
ojalá atardeciera y viera tanto el azul como el rojo como el naranja
perfilando la tierra.
Como no atardece y no puedo ver tanto el azul como el rojo como
el naranja perfilando la tierra...

Ojalá me diera cuenta de que otra vez he aterrizado,
de que el aliento de cada línea siempre es limitado,
de que más vale recuperar el placer de volar
que seguir cayendo en el vacío de una página.

UPSIDE DOWN ME

No amo a mi familia
Amo la cena en soledad
Nunca lloré al despedirme
Jamás volveré a casa

No amo a los perros
Amo el silencio y el vacío al abrir la puerta
Nunca endulzó mi infancia una perra negra llamada
Nieves
Jamás recordaré la luz de una perra dorada llamada
Miel

No amo a otras personas
Amo la copa que no brinda
Nunca tuve un amigo en ninguna parte del mundo
Jamás querré compañía alguna al filo de mi vejez

ARS POETICA

A line will take us hours maybe;
Yet if it does not seem a moment's thought,
Our stitching and unstitching has been naught
"Adam's Curse"
WILLIAM BUTLER YEATS

Mato bichos
como matando hadas
o dioses

Me escondo
les temo
me temo

Me aplasto con ellos
les quito las alas
que yo no tengo

Vinieron de la noche
con el silbido
entre los rieles

Yo
solo soy posible
cuando la noche es un insecto

Me construye
con sus patas
de reloj

Yo
no soy más
que un lapso en un página

EARRINGS

Mucha gente admira
las aretas que me regalaste

Yo sonrío y respondo:
"Me las regaló mi hermana"

Pero no dicen aretas:
dicen aretes
dicen pendientes
dicen zarcillos
y también, muchas veces
earrings

Para mí son
las aretas
que me regalaste tú

Aretas
como decimos en casa
Orecchini
como en nuestra lengua de infancia

Recuerdo cómo brillaban
entre tu pelo negro
del mismo color que el mío

Recuerdo que bebíamos sangría
y que nuestras montañas atardecidas
parecían el borde de una copa rota

Recuerdo que me las diste
para que me acordara de ti
cuando estuviéramos lejos

para que brillara tu brillo
en mi pelo

para tenerte conmigo
en un solo objeto dividido en dos

HOME

Siento que te despides de mí

Hace tiempo no me eres hostil
como si quisieras ser siempre dulce
no para que no te abandone
sino para que me lleve
el mejor recuerdo de ti

Hace tiempo respiras suavemente
por las mañanas, para no estresarme
por las noches, como arrullándome
para alejarme de las pesadillas
que solo tú conoces

Tal vez sabes que debo irme
porque no puedo quedarme para siempre
tú y yo lo sabíamos
desde que nos conocimos

Tal vez me quieres especialmente
y te alegra que pueda tener
un cuarto para dormir y otro para estudiar
una cocina más grande
el balcón que siempre he extrañado
y un jardín para el perro
que tú y yo sabíamos
que no podíamos tener

Tú sabes que yo te quiero
y que te llevo en mí
como una cajita de música en la mano

Tú sabes que te agradezco
este cobijo
donde se recogen
todas mis luces y todas mis sombras

He habitado más de una decena de casas
pero tú has sido mi primera casa
muy lejos de casa

TANIA

Tuve una yegua
y ella a mí

nos teníamos

Yo la visitaba en la montaña
allí donde hay viento frío
donde a los árboles no los abraza el cemento
donde corre un río en un cauce de tierra
de piedras, peces y renacuajos

La yegua era solitaria como yo
lejos de las vacas y de las bostas
de la leche fresca con su espuma

Sola en una colina
vuelta en sombra al atardecer

Le daba panela de mi mano
con mi mano acariciaba su cuero

Pienso en la yegua
tan lejos en el tiempo

Aunque ya no viva
sigue viva

En la montaña
en mi recuerdo
sigue firme
y en libertad

THE GOLDEN HOUR

Iré más allá

Más allá no está lejos
pero me tomará
toda la vida

Toda la vida puede ser
el próximo instante
en plena primavera
en algún solsticio de invierno
o cuando mi piel
tenga marcadas
todas las rutas
de todos mis días

Pero llegaré
como he llegado
a veces, en sueños
gracias a un
misterioso privilegio

La última vez
fue antier

Crucé en una balsa
pueblos bellísimos
atravesados
por un río

Era la hora dorada

Y cuando pensé
que estaba sola
te encontré

Y te encontré
porque en el sueño
eras el mismo sol
que eras aquí

la misma luz
que me guiará a ti
cuando vaya más allá

Será la hora dorada

SANTA ROSA DE OSOS' HAIKU

llueve muy dulce:
crece sobre mi perra
un árbol en flor

GRANDMA'S HANDS

If I get to Heaven, I'll look for Grandma's hands
                                    BILL WITHERS

En mis manos
veo las manos
de mis abuelas

En mis manos reverberan
sus manos marchitas

Las manos de mis abuelas
eran de papel suave
papel cálido
papel donde todo
ya estaba escrito

Las uñas de las manos
de mis abuelas
me decían

todavía es una niña
siempre ha sido una niña

todavía es una mujer
nunca dejará de ser
una mujer

En mis manos veo
las manos de mis abuelas
superponiéndose

me tocan
me guían

navego su oleaje
aprendo su marea

En las manos
de mis abuelas
mis manos
ya han sido viejas

En mis manos
las manos
de mis abuelas
siguen siendo jóvenes

THE ROOTS OF LIGHT

Por supuesto naciste en primavera.
Siempre ha sido tan claro para mí
que cada momento contigo
es una celebración de la vida.

Siempre pienso en esa niña que fui
y que siempre quiso encontrarte.
Aún no me repongo
del asombro de haberte conocido.

Para decirte cuánto significas para mí
tendría que encontrar la manera
de que estas líneas reflejaran
todos mis colores favoritos.

Los jardines de mis abuelas,
el brillo de la nieve y de la miel,
el oleaje verde de nuestras montañas,
los arreboles del cielo al principio y al final del día,
y de los árboles en todos los otoños
que hemos vivido juntas.

Cuando pienso en ti
pienso en muchos colores.
En los que ya me gustaban
y en los que me has presentado tú.

En ese caballito que pintaste
volando contra un cielo muy azul
hay una libertad tan hermosa
que me duele
como me duele
la belleza de los pájaros
y su fragilidad
de corazón al aire libre.

El color de tus ojos
es verde ambarino
y me recuerda una puesta de sol
en los Andes.

Me recuerdan a veces
lo sola que a veces
estuve de niña
y de toda la fuerza que tenía
para protegerte del abismo
si hubiera tenido la oportunidad.

Cuando me quedo en silencio
-no lo olvides-
es porque aún no me repongo.

Por supuesto naciste en primavera.
Por supuesto has buscado las raíces de la luz.
Déjame extraer contigo
todos los colores de la oscuridad.

HERE AND NOW

Este es mi tiempo
y mi espacio

Suena un tren
apresurado
hacia la lejanía

Silba un tren
la canción del camino
que perdura un poco más
después de que el tren
ya se ha ido

Mi lámpara digital
y mi velita encendida
conviven

Un soplo de noche
por un resquicio
de la ventana

De mi planta
brota otra planta
entre su pedacito
de tierra húmeda

El río de la ciudad
serpentea
hacia otro río

Respiro profundo
y siento el pulso
de mi corazón

Con mi mano
siento el corazón
de mi perrita también

Estamos vivas

Es mi tiempo,
mi espacio,
mi lugar de trabajo

Cuánto me ha costado
llegar hasta aquí

y escuchar el tren
y encender la lámpara y la vela
y percibir la grieta del aire
y observar el verde
germinando de la tierra
y seguir el movimiento del río
con los ojos cerrados

y darme cuenta de que
por mí pasan

el aire
el fuego
la tierra
el agua

YOUR BONES IN MY DREAMS

Soñé que nos casábamos.

Fuiste mi casa,
nunca mi esposo.

Llegaba tarde, en el sueño.
No estaba demasiado feliz,
ni preparada:
el vestido me quedaba grande en el pecho.

Llegaba a última hora,
y todo se sentía foráneo,
inapropiado.

Sentí el miedo de repente,
esa misma incertidumbre al escapar contigo
tan joven, hace años.

Presentí el sufrimiento futuro
que fue ancho
y profundo,
y que ahora es pasado.

No es la primera vez
que sueño con nuestra boda
jamás realizada.

No es la primera vez
que despierto y me queda
esa sensación de tus huesos,
de tu corazón de fiera asustada,
de tu voz maníaca que aún hace
que mi vientre se derrumbe.

Ahora tengo un hogar
donde jamás he sentido ese frío
ni ese miedo.

Donde a lo sumo sueño
con ese gran precipicio:

haber estado a punto de quedarme
a vivir con el pecho expuesto,
el corazón en las manos
y la sensación de tus huesos.

SATURDAY NIGHT

Pasé la noche
en el pasado

sin querer
encontré algunas canciones

cartas perdidas
en carpetas viejas

Me serví algunas copas

Regresé por el ladrido
de mis perros

sin querer
los olvidé esta noche

y me parecieron
seres nuevos

y me sorprendí
de cómo llegué hasta aquí

a este amor en llama viva
donde arden

fuegos nuevos
y fuegos viejos

SATURDAY AFTERNOON

Ella tiene cinco hijos.

Hoy es sábado,
mi casa está en silencio

excepto por mis dos perros
que a veces ladran y lloran.

Un perro no es un hijo.

Ella tiene cinco hijos.

¿Cómo sonará su casa hoy,
sábado por la tarde?

¿Cuánta luz le queda,
después de haber dado tanta?

¿Cuánta luz tendré yo,
y cómo será esa luz,
desconocida y temible
de mis entrañas?

BLUE

Este día de desaliento
no se parece
a otros días de desaliento

Cierro los ojos y pienso en ti

en tus ojos azules
dormitando

en el árbol de tu ventana
del hospital

en los días de desaliento
por haber brindado mucho

Cierro los ojos y deseo
volver a brindar contigo

SCIOTO POSTCARD

Desde hace un año te veo
pero solo hasta ayer te conocí

¿De dónde viene tu nombre
y adónde me llevas con él?

¿Qué tienes para decirme
si me dispongo a escucharte?

Ayer brillaba una lucecita
en uno de tus meandros

Era un pescador
de medianoche de viernes

Anacrónico en la vista de postal
del centro de la capital

Yo quiero brillar así

BLANK PAGES

Borro la lista de quehaceres.

Esa que escribe las listas
y los proyectos
con flechas y puntos,

¿a qué pasamanos se aferra?

Anoche, en duermevela
estaba tan enojada con ella.

Tú, que escribes tus iniciales
añadiéndoles un punto,
una estela,
una coma:

las palabras son nuestro único pasamanos.

Por eso,
todas nuestras paredes
son hojas en blanco.

FIREPLACES

Las casas están encendidas

Un fuego interno las ilumina

Camino por casa iluminadas
en la penumbra

Cuando atardece
se encienden

a veces
encienden algo
en quien pasa

como en mí hoy

Mientras paso, se me enciende
algo como un cerilla:

es la luz de una casa naciendo

Ahora paso buscando una casa
donde sembrar esta luz

Imaginando una casa encendida
con la luz de mi tribu

camino

FIREFLIES

Voy a sembrarme aquí

Busqué las raíces de la luz:
aquí encontré una semilla

Cultivaré la luz, regándola

con mis manos
y con mis ojos

y mis entrañas
donde se guarda luz

Procuro la luz
en este nuevo hogar

donde en verano
hay furia de luciérnagas

ÍNDICE